나는 조개껍데기처럼 생긴
잎을 닫아 벌레를 잡아먹는
파리지옥이야.
나는 잎에 있는
끈끈이 털로 벌레를 잡아먹는
끈끈이주걱이야.

글 하늘땅

그림책을 기획하고 만드는 일을 하고 있습니다.
그동안 만든 책으로는 <자연이랑>, <심쿵>, <우리아람이>, <과학특공대>, <지식특공대> 등이 있습니다. 하늘땅은 아이들에게 평생 기억될 수 있는 그림책을 만들기 위해 노력하고 있습니다.

그림 이나르

조그마한 텃밭이 있는 집에서 그림을 그리고 있습니다.
그린 책으로는 <Do you like rain?>, <반짝반짝 깨끗해>, <우린 모두 평등해> 등이 있습니다.

감수 엄안흠

한국교원대학교 생물교육과를 졸업하고
미국 캔자스주립대학교에서 생물학 박사 학위를 받았습니다.
현재는 한국교원대학교 생물교육과 교수로 재직하고 있습니다.
그동안 지은 책으로는 <균류생물학>, <선인장>, <콩> 등이 있습니다.

식물 · 벌레잡이 식물 18 파리를 어떻게 잡지?

하늘땅 글 · 이나르 그림 · 엄안흠 감수
펴낸곳 (주)아람키즈 | 펴낸이 이소영 | 주소 서울특별시 성동구 성수이로 147, 아이에스비즈타워 2F
고객센터 1644-4521 | 팩스 02-468-5548 | 홈페이지 www.aramkids.co.kr | 출판등록 제2020-000011호
기획 · 편집 · 디자인 (주)아람키즈 하늘땅
ISBN 979-11-6543-527-1 979-11-6543-574-5(세트)

- 눈을 편안하게 해 주는 친환경 식물성 원료인 콩기름 잉크로 인쇄하였습니다.

⚠ 책 모서리가 날카로워 다칠 수 있으니 사람을 향해 던지거나 떨어뜨리지 마십시오.
⚠ 종이에 베이거나 긁힐 수 있으므로 주의해 주십시오.

파리를 어떻게 잡지?

하늘땅 글 · 이나르 그림 · 엄안흠 감수

아람키즈

개구리 왕눈이가 식물원*으로 이사를 왔어.

"우아, 정말 멋진 곳이야."

식물원에는 맛있는 벌레들이 가득했지.

“배고파! 저 벌레들을 어떻게 잡아먹지?”

개구리 왕눈이는 여기저기 돌아다니다
파리 한 마리를 보았어.
파리는 긴 주머니 모양의
식물 쪽으로 날아오고 있었지.
하지만 개구리 왕눈이는 서두르지 않았어.

사라세니아

바로 지금이야!

파리가 식물 잎에 내려앉자
개구리 왕눈이는 **용수철***처럼 튀어 오르며
혀를 쭉 내밀었어.

"어! 파리가 사라졌네.
파리는 어디로 갔지?"

잠시 뒤, 개구리 왕눈이가 붉은 주머니 모양의
식물 위로 기어오르는 개미를 보았어.
“개미가 뭐 하려는 거지?”
개구리 왕눈이가 지켜보고 있는데…….

네펜테스

눈을 깜박이는 사이에
개미가 사라졌어.
개구리 왕눈이가
주머니 속을 들여다보니
개미가 빠져 있었지.

개구리 왕눈이는 궁금했어.

'파리는 어디로 간 거지?'

'개미는 왜 주머니 속에 빠진 거지?'

개구리 왕눈이는 배가 몹시 고팠어.
아직 아무것도 못 먹었거든.

그러던 중에 **꽃등에*** 한 마리를 발견했어.
꽃등에는 가시처럼 생긴 긴 털이 달린
주걱 모양의 식물 쪽으로 날아오고 있었지.

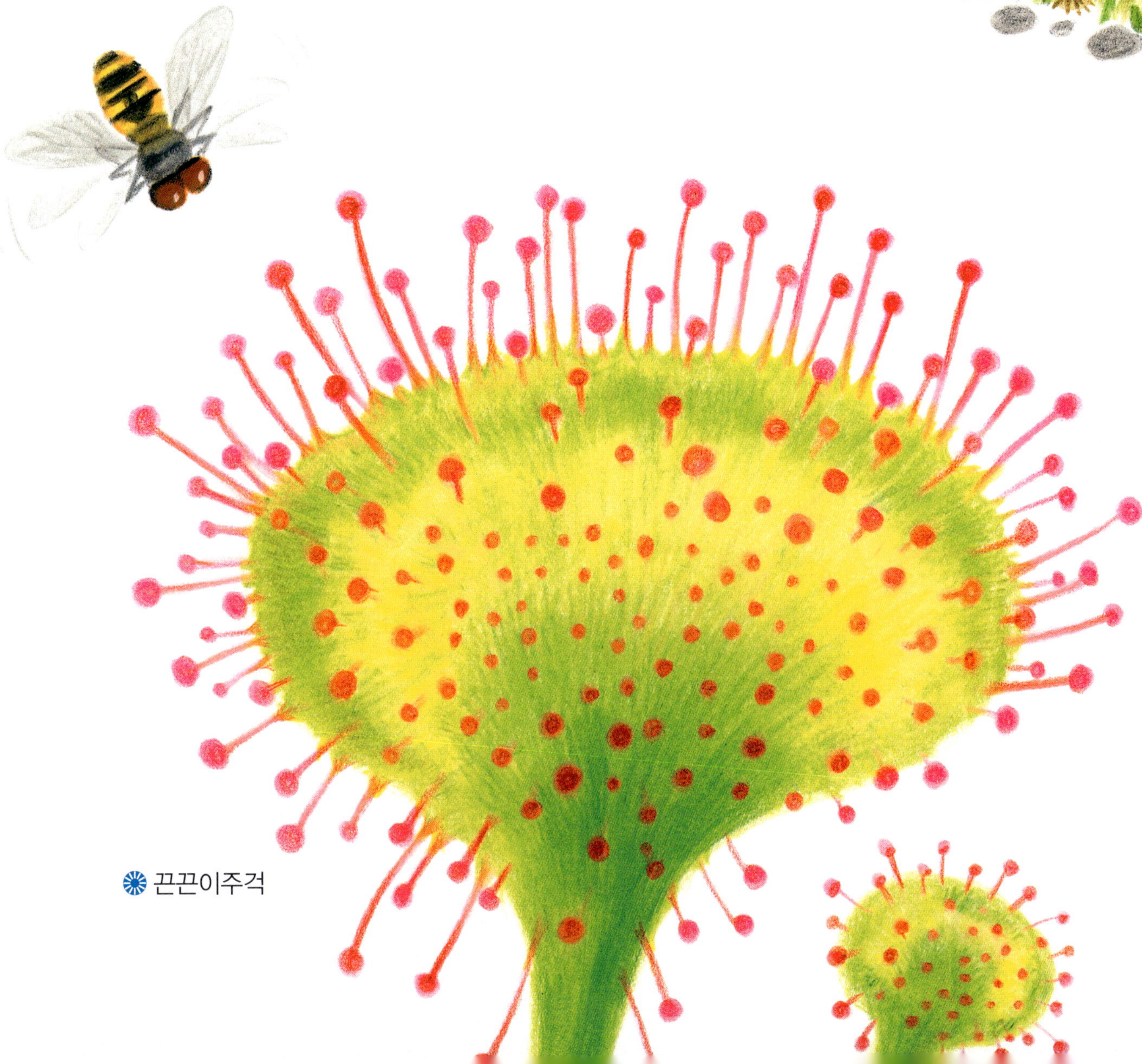

개구리 왕눈이는 숨을 죽이고
꽃등에를 지켜보았어.
꽃등에가 식물 잎에 앉자마자
개구리 왕눈이는 잽싸게 몸을 날렸어.

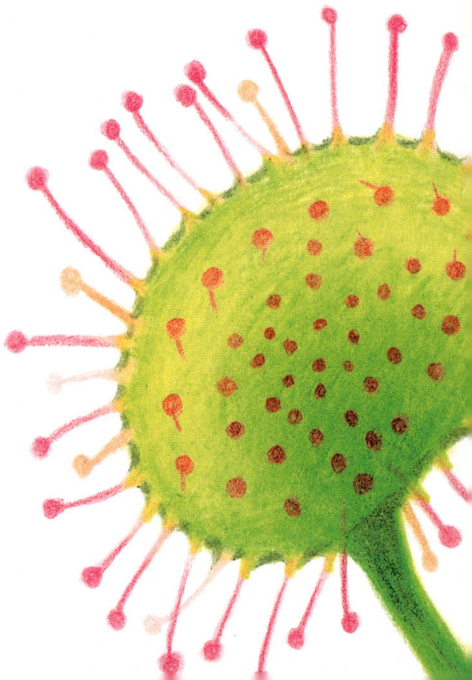

그런데 어느새 주걱 모양의 잎이
꽃등에를 감싸기 시작했지.

그리고 곧 가시처럼 생긴 긴 털들이
꽃등에를 움켜쥐었어.

개구리 왕눈이의 눈이 갑자기 동그래지고,
튀어나온 눈은 더 튀어나왔어.

"아냐, 아냐. 그럴 리 없어.
배가 너무 고파서 잘못 본 거야."
개구리 왕눈이는 도망치듯 그곳을 벗어났어.

으앙!

개구리 왕눈이는 쉬면서 먹이를 기다리기로 했어.
얼마쯤 지나자 파리 한 마리가 날아왔어.
파리는 벌어진 조개껍데기처럼 생긴 식물 주변을
빙빙 **맴돌더니*** 식물 잎에 사뿐히 내려앉았지.

파리지옥

그런데 말이야,

갑자기 벌어져 있던 식물의 잎이 닫혔어.

파리는 꼼짝없이 갇히고 말았지.

개구리 왕눈이는 너무 놀라서 꼼짝도 못 했어.

“여긴 무서운 곳이야, 다시 이사 갈래.”

개구리 왕눈이는 꽁무니가 빠지게 도망을 쳤어.

벌레잡이 식물에 대해 알아볼까?

벌레잡이 식물은 벌레를 잡아먹을 수 있도록 몸의 한 부분이 변한 식물을 말해요. 대부분의 벌레잡이 식물은 늪이나 물기가 많은 땅, 혹은 높은 벼랑 위에서 사는데, 이런 곳은 양분이 부족하지요. 그래서 부족한 양분을 채우기 위해 벌레를 잡아먹어야 해요.

주머니로 잡는 벌레잡이 식물

네펜테스, 사라세니아 과에 속하는 식물은 주머니를 갖고 있어요. 주머니 입구에 있는 꿀샘이나 화려한 색깔로 벌레들을 끌어들여 주머니 속에 빠지게 하지요. 주머니 속에는 물과 벌레를 녹게 만드는 액체가 있어 벌레의 몸을 녹여 양분을 흡수해요.

끈끈이로 잡는 벌레잡이 식물

잎이나 줄기에 끈끈한 액체를 내는 샘털이 달린 식물들이에요. 털끝에서 이슬처럼 빛나는 끈끈이에 이끌려 벌레들이 다가갔다가 한순간에 달라붙게 되지요. 끈끈이주걱, 끈끈이귀개, 벌레잡이제비꽃 등이 모두 끈끈이를 이용해 벌레를 잡아요.

잎을 닫아 잡는 벌레잡이 식물

파리지옥이 가장 대표적인 식물이에요. 조개껍데기처럼 벌어진 잎을 가지고 있는데, 잎에는 꿀샘이 있어요. 벌레가 꿀 냄새를 맡고 날아와 잎에 앉으면 순식간에 잎을 닫아 벌레를 잡지요. 잎 가장자리에는 가시 같은 긴 털이 나 있어 한번 잡힌 벌레는 빠져나올 수 없어요. 덩치가 큰 벌레도 파리지옥에게 잡히면 꼼짝없이 잡아먹히지요.

신나는 과학놀이

문제 다음 중 곤충을 잡아먹는 식물의 이름이 **잘못된 것**은 어느 것일까요?

① 
파리지옥

② 
벌레잡이제비꽃

③ 
끈끈이주걱

④ 
네펜테스

정답은? ① ② ③ ④

문제 다음 중 **잘못된 말**을 고르세요.

① 나는 긴 털로 벌레를 잡아먹어.

사라세니아

② 나는 잎을 닫아 벌레를 잡아먹어.

파리지옥

③ 나는 주머니로 벌레를 잡아먹어.

네펜테스

④ 나는 끈끈이를 이용해 벌레를 잡아먹어.

끈끈이주걱

정답은? ① ② ③ ④

정답: 2, 1